横浜あるある

八千草春日 著　渡辺貴博 画

TOブックス

※本書に掲載されている情報は、2016年7月現在のものです。

横浜あるある　目次

※文中一部敬称略

第1章

横浜
カルチャー
あるある

001

開港記念日は休日

横浜市内では、安政6年（1859年）6月2日（旧暦7月1日）に横浜港が誕生したことを記念し、毎年6月2日は「開港記念日」と定められている。この日は市内の小中学校は休日となるため、市内の観光スポットは子供たちの歓声でにぎわうのだ。6月は国民の休日が存在せず、神奈川県には東京都の「都民の日」のような県独自の休日もないため、他の神奈川県民からは「うらやましい！」という声が多く上がるという。「横浜開港祭」など市内でさまざまなイベントが開催される開港記念日だが、この日とばかりに市外の人気スポットに出かける家族も多いようで、ネットで「開港記念日」と検索すると、「ディ○ニー」という予測変換が出現する。

6/2
あっ！今日、
開港記念日で
休みじゃん！
高校も休みに
なればなぁ～
そうだよ！
私、ママと
ディ●ニー
行くんだー！
いい
でしょ

002

市外の人にとっての横浜はみなとみらい

ひとえに「横浜」というと、多くの横浜市民が連想するのは横浜駅周辺の市街地のこと。だが市外、特に横浜の地をよく知らない他県民は、ひんぱんにテレビ中継されるみなとみらい地区をイメージする人が多いのだ。確かにこれといった特色がなく、裏路地には風俗店も広がる横浜駅周辺に比べ、美しい高層ビルがベイエリアに整然と立ち並ぶみなとみらいの方が、「海の都市」という横浜のイメージを体現しているのかもしれない。だが商業施設が意外と少なく、「見る場所」と化しているみなとみらいに比べ、横浜駅周辺は豊富な商業施設が存在し、さらには有名ラーメン店が林立するなど神奈川屈指のグルメタウンだ。生活感溢れるアクティブさが横浜駅周辺の魅力だ。

横浜いいよね！
横浜の良さはみなとみらいだけじゃないんだよね～！
まだまだわかってないな

003

「じゃん」は横浜発祥じゃない？

言葉の語尾につける「～じゃん」は、かつては関東独自の若者言葉とされていたが、現在では出身地、性別、年齢の垣根を越えて幅広く使われる表現だ。一般的には横浜が発祥とされる「～じゃん」だが、実は20世紀初頭の山梨県ですでに使われていたという記録があり、静岡には「～じゃん」を記載した太平洋戦争時の記録が現存している。横浜に伝わったのは１９６０年代。70年代以降に東京に広まったとされており、静岡～横浜～東京と江戸時代の東海道と同じ経路をたどっている点が興味深い。昔は関東出身者が地方で使うと、「もう一度言うてみ？」などと、からかわれることもあった「～じゃん」だが、言葉の使い方なんて細かいこと、どうでもいいじゃん！

〜じゃん！
それ、パクリじゃん!!
静岡
山梨

004

成人式の人数が日本一

人口370万人以上と市としては日本最大の人口を誇り、しかも東京都市部のように区で分別されていない横浜の成人式はもちろん全国最大級。式典は新横浜の横浜アリーナで開催され、2016年度は約2万5000人の新成人たちが会場に集まった。そのため、毎年成人の日には新横浜駅に停車する横浜線や市営地下鉄は大混雑するのが定番となっている。将来の希望に燃える若者たちが集まる成人式だが、他の街と同じくあらゆる意味で目立つのが派手な格好のヤンキーたち。16年の成人式のさい、数人がとつじょ壇上に駆け上がり式典が一時中断するという騒ぎが発生した。その妙なパワーはもっと別の方面で活用するべきだと思うが……。

成人式の人数がNo.1

005

みんなが知ってる横浜のメリーさん

1990年代中ごろまで、横浜の市街地にはフリルのついたドレス、顔をおしろいで塗ったくりド派手な化粧という、妙ないでたちの老婆がしばしば出没した。彼女は「メリーさん」というあだ名で呼ばれ、人々から好奇の目で見られていた。メリーさんは高齢ながら売春業を行っていたようで、「遊んでいかない」と話しかけられた経験を持つ男性も存在する。真相は不明だが、生前の彼女と会話した人物によると、若い頃のメリーさんは米軍将校の愛人で、朝鮮戦争を機にアメリカへと帰ってしまった彼を死ぬまで待ち続けていたという。彼女の化粧は老いた自分の顔を隠すためのものだったのだろうか？　あまりにも奇妙な老婆をモデルにした映画や漫画は何度も製作されている。

横浜のメリーさん
遊んでいかない

006

ハードボイルド系のドラマ、映画の舞台によく使われる

港街、異国情緒あふれる雰囲気からか、横浜はハードボイルド系の作品の舞台としてひんぱんに使われる。1970年代までは石原裕次郎主演「夜霧のブルース」(1963年)、高倉健主演「冬の華」(1978年)など、ヤクザ映画のメッカだった。80年代に入るとテレビシリーズ「あぶない刑事」が放送開始。舘ひろしと柴田恭兵演じる「タカとユージ」の軽妙な掛け合いが人気を呼び、2016年にも映画化されるという人気シリーズとなった。1993年に林海象監督が作成した「私立探偵 濱マイク」は、永瀬正敏演じる探偵を主演とした映画。2002年にはドラマ化され、イギリスのカルト映画監督アレックス・コックスが演出を担当するなど、テレビ作品らしからぬ前衛的な作風は放送当時大きな話題となった。

ハードボイルドな街
横浜

007

ゴジラにたびたび襲撃される

横浜には、刑事や探偵だけではなく怪獣もよく現れる。昭和39年（1964年）に製作された「三代怪獣 地球最大の決戦」では、ゴジラとシリーズ初登場となるキングギトラが上陸。横浜のシンボル・マリンタワーは引力光線でなぎ倒されてしまった。「ゴジラVSモスラ」（1992年）の最終決戦地はみなとみらい地区。観覧車「コスモクロック21」は体当たり用の武器として使用された。最も悲惨な例は「ゴジラ・モスラ・キングギドラ大怪獣総攻撃」（2001年）だ。作中の横浜は対ゴジラの最終防衛地区に指定され、防衛軍による総攻撃もむなしく、街は熱線によってズタズタに破壊されるのだ。なお2016年7月に公開された最新作「シン・ゴジラ」でも、横浜にゴジラが上陸する。

くそう！！
何回、横浜を
襲撃すれば
気が済むんだ！

008

sakusakuは横浜の誇り

横浜の地元テレビ局「TVK」が製作する「sakusaku」は、2000年から放送開始した音楽バラエティー番組。初代MCの「あかぎあい」は宮崎県出身で、彼女が番組中で紹介したことが、チキン南蛮や日向夏といった宮崎の特産品がブレイクするきっかけとなった。2003年からは当時ティーン誌のモデルをつとめていた「木村カエラ」が2代目MCに就任。彼女のユルユルなキャラと独特のファッションが大きな評判となり、「sakusaku」は一気に全国区と化したのだ。木村カエラ引退後もドラマ「るみちゃんの事情」で主演をつとめた「トミタ栞」、16年3月まで自らを「熊」だと名乗るアイドルグループ「あゆみくりかまき」など、サブカル界注目のキャラが出演し続けているのだ。

横浜の誇る音楽バラエティー
saku
saku

009

横浜を代表するものは「ハマの○○」と呼称されることが多い

語呂のよさからか、横浜発祥、または代表するものは「ハマの○○」と呼称されることが多い。「横浜三大商店街」の一つに数えられる「洪福寺松原商店街」は、活気のある激安店が立ち並び、年末には大にぎわいすることから「ハマのアメ横」という異名を持つ。崎陽軒は、昆布の佃煮や鮭の塩焼き、厚焼き卵といったメニュー構成の「ハマの朝ごはん弁当」を販売している。横浜DeNAベイスターズのスター選手は「ハマの○○」という異名が名付けられるのが恒例で、佐々木主浩の「ハマの大魔神」、三浦大輔の「ハマの番長」などは野球ファン以外にもよく知られている。もし横浜の海岸が有名になったら、「ハマの浜」とダジャレっぽい異名になってしまう。

横浜を代表する者だけが
付ける事が許される異名
俺がハマの
○○だ!!
ハマの○○!!

010

ゴミ収集車からメロディが流れる

横浜市清掃局のゴミ収集車は、3種類のオルゴール調のメロディが特徴。スコットランド民謡「故郷の空」、一般公募から選ばれた「ヨコハマさわやかさん」と「クレイジーケンバンド」の横山剣が作曲した「いいね！横浜G30」。横浜出身で地元に愛着を持つ彼は、進んで協力したという。

011

本屋といったら有隣堂

「有隣堂」は、明治時代に中区の吉田町で開業した店舗を前身とする書籍店で、現在は伊勢佐木町に本店を持つ。有隣堂は横浜市街地には多くの店舗が存在しており、市外では書店だけではなくCDショップ、ミュージックセンター、カルチャーセンターなど幅広い事業展開を行っている。そのため有隣堂は、横浜市民のみならず多くの神奈川県民にとって書店の代名詞となっている。なお本店は地上6階、地下1階の建物で、別館のコミック王国が隣接するという神奈川県では珍しい超大型書店となっている。もし希少な本をお探しなら、ここに行けば見つかるかも？

012

横浜銀行は都心にも進出している

「横浜銀行」は、みなとみらいに本社を置く地方銀行。横浜のみならず神奈川のいたるところに支店が存在し、メインバンクとしている県民は数知れない。総人口2位の自治体に存在する銀行らしく、総資産約13兆円、預金額約12兆円とともに地方銀行としては全国トップクラスとなっている。神奈川県に535店舗をかまえる横浜銀行だが、地方銀行ながら県外にも進出しており、渋谷、町田、下北沢など東京都に69店舗、さらには愛知県と大阪府に1店舗ずつ支店をかまえているのだ（2016年7月現在）、そのため都内にでかける時もあらかじめお金をおろす必要がないので便利という声も多い。「横浜」という名を冠しながら全国に進出するという「隠れ巨大銀行」だ。

013

市内に坂道がやたらと多い

もともと横浜の土地は山間部に囲まれた丘陵地帯。そのため「ゆず」の「夏色」でも歌われているように、市内には坂道がものすごく多いのだ。地名のついた坂道もあり、春には桜並木が美しい「谷戸坂」、山手地区から元町に下る「代官坂」は、映画「コクリコ坂から」の舞台のモデルになったと言われている。本牧には「ハロー坂」と「アメリカ坂」があるが、これは坂がある土地が進駐軍の摂取地だったころの名残だ。ちなみに市内で一番傾斜が激しい坂は瀬谷区の「天竺坂」で角度は20度にも達するという。下り坂を見たら自転車で一気に滑り降りたくなるかもしれないが、それは危険な行為なので、「夏色」の歌詞のようにブレーキを握りしめて、ゆっくり下ろう!

014

市内の中学は給食が出ない

横浜の市立中学校は給食制度を採用していない。なお横浜のみならず神奈川県の多くの市町村が中学校給食を実施しておらず、他県の人に「中学はお弁当だった」と話すと意外に思われることも。全国屈指の経済規模を持つ県としては意外な話だが、横浜市教育委員会の説明によると、全国的に中学校給食が導入された昭和40年代、横浜をはじめとする神奈川の市町村は経済成長のあおりを受け急激に人口が増加したため新設中学が各地に建設され、その分学校給食に回す予算がなかったためとのこと。だが弁当制度の場合、朝早く起きてお弁当を作らなければならないため、親にとっては大きな負担になることも。そのため現在は「ハマ弁」という宅配サービスが行われている。

015

関内では行商のお婆さんをたまに見かける

特定の店舗を持たず商品を自ら運んで売り歩くスタイルを「行商」と呼び、昭和期の繁華街には行商人が多く存在していた。今ではほとんど見かけなくなったが、伊勢佐木商店街では時たまお婆さんの行商人を見かけることがある。彼女は千葉県で農家を営んでおり、横須賀線で2時間かけて伊勢佐木町まで来るそう。野菜の刈り入れ時期である夏は週3回程度の割合で横浜を訪れ、秋は柿などの果物、冬は知人の加工業者から譲り受けた魚の一夜干しなど、旬のものを販売することを心がけているという。物珍しさから商品を購入する人も多く、常連の話によると「味が濃いし、甘い。スーパーの野菜と全然違う」とのこと。お婆さんの元気なパワーが注入された野菜だ。

016

独特な小規模映画館が存在する

最近の映画館は複合型のシネマ・コンプレックスばかりになってしまったが、横浜には独自の路線をつらぬく小規模映画館がいくつも存在する。中区の「シネマ ジャック&ベティ」は、邦画の名作を上映する「ジャック」と単館系の洋画を上映する「ベティ」の二館体制。かつて地元民に愛された「横浜日劇」の跡地に開設され、昭和の劇場を連想させるクラシカルな外観、風俗街の近くという立地から独特の雰囲気を放つ映画館だ。西区の「シネマノヴェチェント」は、客席数28席という自称「日本最小の映画館」。館内にはトラットリアと呼ばれる飲食施設が併設され、顧客は映画の余韻に浸りながら酒や料理を楽しめる。ハードボイルドを見た後はバーボンが飲みたくなる?

017

かなちゃん号が来ると得した感が

「神奈川中央交通」、略して「神奈中」は神奈川県平塚市に本社を置くバス会社で、横浜を含む神奈川県の大部分の地域で事業を展開している。そのため黄色とオレンジに彩られた神奈中バスがなじみ深いという横浜市民は多いが、時たま神奈中のバス停には「かなちゃん号」という、動物のマスコットの絵が描かれた幼稚園バスのような車両が発着するのだ。かなちゃん号は1987年に誕生した「ちびっ子ギャラリーバス カナちゃん号」の後継機で、2001年から運営が開始された。なお初代カナちゃん号は現在ミャンマーなどで稼動している。車体のイラスト以外は特色が無いかなちゃん号だが、たまにしか来ないというレア感から、乗車するとなんとなく得した気分になる。

018

新横浜駅に新幹線が停車する

港北区に存在する「新横浜駅は」昭和51年（1976年）から新幹線が発着するようになり、当初は1日2本しか停車しなかったが、昭和61年（1986年）に市営地下鉄が横浜駅と直通になったことにより、本格的に可動するようになった。わざわざ東京に行かなくても新幹線に乗車できるため、横浜市民にとっては大変便利であるが、インターネットの路線情報サイトで「新横浜〜東京」と検索すると、新幹線乗車を表示する場合があるのだ。確かに新幹線を使用すれば17分程度で到着できるが、わずか30㎞程度の区間なので乗車する人はめったにいない。ちなみに新幹線を使用した場合の料金は1360円（2016年現在）とさほど高くないので、よほど急いでいるときは乗車をおすすめする。

019

横浜市中央図書館と神奈川県立図書館がある

横浜の西区には、県営の「神奈川県立図書館」と市営の「横浜市中央図書館」が徒歩10分程度の位置に並立している。県立図書館は昭和29年（1954）年に県の指定図書館として設立された施設。建築家前川國男によって設計された建物は、外観には蜂の巣のような飾りがほどこされ、1、2階が吹き抜けのガラス張りという建設当時としては非常に前衛的なデザインとなっている。中央図書館は大正10年（1921年）に設立。蔵書数約164万冊と全国6番目の蔵書数をほこり、県立図書館が完成するまでは神奈川の中央図書館としての役割を担当していた。互いに至近距離に存在するため、両施設を統合するべきという声も多いようだが、横浜が誇る素晴らしき文化施設はぜひこれからも共存してもらいたい。

020

さまざまな文化が混在している

さまざまな地理や歴史を内包する横浜の文化は一言ではくくれない。「海の街」という一般的なイメージは確かに市街地には当てはまるが、一歩郊外に踏み出せば、そこにはうっそうとした小山やのどかな田園地帯が広がっている。みなとみらい地区には美しく整然とした街並みが広がる一方、すぐ近くの野毛町には大衆的な飲み屋がところ狭しと立ち並んでいる。さらに西洋風建築物が立ち並ぶ馬車道・日本大通りを一歩踏みだすと、そこには巨大な中華街が存在するのだ。このように横浜にはさまざまな文化が混在している。本書で紹介した街の魅力はほんの一部だ。もしあなたが「横浜の全て」を知りたければ、まずは横浜におもむくことをおすすめしたい。

第2章

横浜市民性あるある

021

神奈川県民といわずに横浜市民と自称する

県庁所在地にもかかわらず県名と異なるためか、日本屈指の大都市であるためか、横浜出身者は自らの出身地を「神奈川」と名乗らず「横浜」と名乗る人が多い。確かに全国的には神奈川よりも横浜という名の方が、知名度が高いというイメージがあるが、他の市町村に住む神奈川県民にとっては「横浜は別格」と自負されているようで、なんとなく鼻に付くことも。ちなみに横浜以外の神奈川県民が出身地を偽る場合は、イメージのよさゆえか横浜出身と答える場合が多い。「愛知県民」に対する「名古屋市民」、「宮城県民」に対する「仙台市民」と同じく、横浜市民は「同県民のコンプレックスの対象になる」という宿命を背負っているのだ。

出身どこ
だっけ？
横浜っす！
へ～神奈川
なんだぁ～
ハイ！
横浜っす！
I ♡
HAMA

022

東京に対するコンプレックスがあまりない

東京都心にあらゆる意味でコンプレックスを持つ関東人は多いと言われているが、神奈川、特に横浜市民は東京コンプレックスが希薄だ。確かに同じ大都会でありながら、中高層ビルがいたるところに立ち並びきゅうくつな印象の東京都心に比べ、みなとみらいや関内といった横浜の市街地は道路が広く建物の密集度が低いため、なんとなく優雅な雰囲気がある。加えて市街地から海が近い、中華街があるなど東京にはない魅力を多く持っているのだ。そのような理由があるため横浜市民は東京にコンプレックスをあまり感じないのだが、横浜は都市規模のわりには企業本社が少なく市外に通勤する市民も多いため、東京のベッドタウン化しているという一面もある。

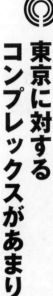

東京のこと
どう思い
ますか？
東京ですか？
まぁ、いいところだと
思いますよ。
あまり意識したこと
ないですけど
まぁ、横浜の方が
住みやすさでは
勝っていると
思いますけどね。
横浜出身者
I ♡ HAMA

023

鎌倉、葉山、逗子にある種のコンプレックスを持っている

名実ともに神奈川県を代表する都市に住んでいるためか、当然神奈川県の他の市に対し潜在的優越感を持つ横浜市民は多い。だが歴史的建造物が多く立ち並ぶ鎌倉市、皇室の御用邸が存在する葉山市、海水浴場としてさかえる逗子市は、小規模都市ならではの牧歌的な雰囲気、美しい海と山にかこまれた自然環境と大都市の横浜にはない魅力を持つため、ある種のコンプレックスを感じる横浜市民もいるという。さらに三都市とも市民の平均所得が横浜より高く、昔から富裕層の避暑地として機能しているため、神奈川県内では「セレブな街」というイメージが定着しているのだ。横浜市民よ、神奈川の雄はキミたちだけではないぞ!

キィ〜!! セレブぶりやがって!!
葉山
鎌倉
逗子
セレブ御三家

024

横浜市民はたいてい横浜市歌が唄える

「横浜市歌」は、明治42年（1909年）に横浜開港50周年を記念する式典で初めて披露された市民歌で、作詞は「舞姫」などで知られる作家の森鷗外が手がけた。たいていの市町村では市民歌が歌われる機会は少ないが、横浜では学校の行事や市内の式典が開催されるたびに、ひんぱんに演奏されるために、多くの横浜市民が市歌を唄うことが可能なのだ。実際に市歌を試聴してみると、「わが日の本は島国よ」、「あらゆる国より舟こそ通え」と高揚感のある歌詞、マーチ調のテンポの良いリズムと、大変歌いやすい曲となっている。市歌に対する横浜市民の愛着は根強く、2010年には地元の3商店街主催で「Bon Dance 横浜市歌・よこはまアラメヤ音頭」が作成された。

わが日の本は島國よ
なんでだかこの歌、
唄えちゃうんだよな

025

横浜市民にとっての海水浴場とは、鎌倉か江ノ島

海のイメージが強い横浜だが、意外にも海水浴場は金沢区に存在する「海の公園」のみ。おそらく市内の海は港や工業地帯に利用されているため、広範囲な砂浜海岸が存在しないためと思われるが、そのため横浜市民は海水浴を行う場合、比較的近隣の鎌倉の由比ヶ浜海岸か、夏場は多くの人でにぎわう江ノ島海岸に出かけることが多いのだ。両海岸とも横浜市街地から自動車で1時間以内という距離であるため、昼間は海岸で遊んで夕暮れを見た後、アフターは横浜のレストランで……、というのはバブル期の若者の定番コースだったが、飲酒運転の罰則が厳しくなり、若年層の自動車保有率が低下している現代では、そのような行動をする若者はめっきり減少しているとか。

横浜市民にとって海といったら
鎌倉か江ノ島これ常識じゃん！

026

横浜市民に「○○区に住んでいる」といわれても、わからないことがある

18もの行政区に分かれる横浜の区を全て把握するのは、横浜市民ですら至難の技。それゆえ、自分が住んでいる区以外は「別の街」のような感覚を持つ横浜市民も多く、他の市民から「自分は○○区の者です」と言われてもピンとこないこともしばしばある。一般的に横浜といえば横浜駅が立地する西区や、神奈川県庁や横浜市役所が存在し、市の行政の中心となっている中区をイメージする人が多いだろうが、実際はJR東海道線の駅が存在する「戸塚区」、東京のベッドタウンになっている「都筑区」、日産スタジアムや横浜アリーナなどさまざまな施設が存在する「港北区」など多種多様。区によって全く異なる姿を見せるのが、横浜という街の大きな特徴だ。

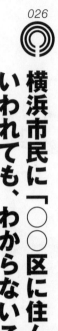

オレ、
△△区
あ～
俺は○○
あ～あそこね
そうそう
やっべぇ…
どこだ、それ？？

027

町田市は神奈川の一部、という認識がある

東京都南部に位置する「町田市」は、神奈川県北部に食い込むように位置する立地、そしてＪＲ横浜線や小田急線が開通していることから、多くの横浜市民から神奈川県の都市のように思われているのだ。この認識は横浜市民のみならず神奈川県民共通のもので、アルバイト求人誌をみると「神奈川（町田含む）」などと書かれていることが多々ある。なお実際に町田市は明治26年（１８９３年）３月まで神奈川県に編入されており、三鷹市などとともに当時の東京府に再編入されたのだ。なお、子供の頃は町田が東京の都市だと知らず、「神奈川県町田市」と「東京都町田市」の、二つの都市が存在すると誤解していた横浜市民もいるとか。

えっ!?町田って
東京なの!?
神奈川でしょ!?

028

「二俣に行く」というだけで、大抵何の用か理解できる

旭区に存在する「二俣川《ふたまたがわ》」は、横浜駅から11分の位置に存在する閑静な住宅街だが、神奈川県唯一の運転免許試験場が存在するため、県内で自動車免許を取得した人物は必ず立ち寄る町だ。町内には他にこれといった観光スポットが存在しないため、「二俣に行く」と聞くと免許取得を連想するのは、横浜市民だけではなく多くの神奈川県民共通の認識だ。なお試験場では最終学科試験が行われるが、問題の難易度は全国トップクラスといわれている。そのため、二俣川駅周辺にはあらかじめ試験の予測問題を提供する、通称「裏校」などといわれる施設が存在しており、試験合格に自信のない人物は裏校に行って予習するというのがお決まりのパターンだ。

俺、18歳になったら
二俣に行くんだ…。
俺達、もうそんな
歳になったんだな

029

駅に崎陽軒がないとなんとなく落ち着かない

横浜発祥の崎陽軒《きようけん》は、市内では各デパートなどにも売り場があるため、商品のシウマイは駅弁のみならず、夕食のおかず、子供のおやつなど、さまざまな用途に使用される。また横浜のみならず首都圏のいたる駅に店舗が存在するため、崎陽軒が存在しない地方の駅ターミナルに降りると違和感が生じるという横浜市民もいるとか。その人気の高さゆえ新幹線の駅でも販売される崎陽軒のシウマイだが、ホタテのエキスを加えるなど対策は施されているものの、豚の挽肉を使った料理らしく臭いはきつめ。「崎陽軒　新幹線」でネット検索すると「臭い」と予測変換されてしまうほどなので、いくら好きでも電車が混雑しているときは食べないほうが無難かも。

どこだ!!
俺の…
崎陽軒!!
駅にあるだろ普通!?

030

横浜中華街にいざ行くと、どこに入店すればいいか迷う

横浜中華街は500店舗の中華料理店が存在する世界最大級のチャイナタウンだ。そのため通りには無数の店舗が立ち並んでおり、予備知識なしではどこの店に入っていいか判断しづらい。遠方から訪れる観光客はあらかじめ下調べして、最初から入る店をピックアップしている場合が多いが、地元の横浜市民は何かのついでに中華街に立ち寄るといった場合も多々あり、「食べ放題」、「激安」などといった看板につられ味が……な店に入り後悔したという声もチラホラ。店を選ぶ目安としては、万人受する王道の料理を食べたい方は表通りの大型店舗、本場そのままのディープな味を楽しみたい方は裏通りの小さな店舗に行くことをおすすめする。

中華街
久しぶりに来てみたけど
どこに入ったらいいか迷うね

031

ゆず、サザンが大好き

横浜出身のフォークデュオ「ゆず」、ボーカルの桑田圭佑が神奈川県出身で、横浜をテーマにした曲を多く手がけた「サザンオールスターズ」。この2つのバンドは横浜では当然絶大な人気をほこっている。市内のカラオケ店では地元をモチーフにした「飛べない鳥」や「思い出のスターダスト」がひんぱんに歌われ、両者の歌はご当地ソングに選出される機会が多い。1989年以降、サザンは定期的に横浜アリーナで年越しコンサートを行っており、親子、または孫の三代にわたってコンサートに訪れるファンもいるという。ちなみに夏の歌が多い「TUBE」も市内では人気が高いが、こちらはボーカルの前田亘輝が内陸部の座間市出身のため、「丘サーファー」と皮肉られることも。

032

割りこみを横入りという

横浜では行列に割りこむ行為を「横入り」という言葉で表現するのが一般的だ。横入りは横浜のみならず神奈川県全域でも使用されているため、方言だと知ると驚く人も多い。若者言葉として使われることもある横入りだが、2014年に放送されたNHK大河ドラマ「軍師官兵衛」内で高畑充希がこの言葉を発した時は、「何時代だ?」などとネット上では大々的にツッコまれた。今では完全に全国区となった「〜じゃん」を筆頭に、「ぶらさがる」を「ぶるさがる」、「こちら側」を「こっちかわ」、「冷たい」を「ひゃっこい」など、横浜生まれの方言や言い回しは以外と多い。自分は標準語を話しているつもりでも、他県の人は言葉で横浜市民と気がつくかもしれない。

033

～だべ？という言葉を使う人もいる

「～だべ？」とは「～だろう？」という意味の語尾で、もともとは湘南の漁師たちの言葉だと言われている。一昔前はヤンキーや柄の悪い大人が使っているというイメージが強く、あまり良い印象がない言葉だったが、ＳＭＡＰの中居正広がテレビ番組で多用していることから一気に全国区に。今では関西地方の「～やろ？」などと同じく、地方で「～だべ？」と話すと、「横浜（神奈川）出身？」と尋ねられるのは鉄板となっている。なお横浜市民の場合は「～だべ？」のみを使用することが多いが、本場の湘南地方はさらにバリエーションにとんでおり、「～んべ？」（～じゃない？）、「～べよ」（～でしょ）といった発展系が存在する。

034

横浜駅より東京方面に行く方が近い市民も多い

さまざまな鉄道路線が入り乱れる横浜市内では、当然最寄り駅が横浜駅より他の繁華街の駅の近くに存在するという例も多い。桜木町〜八王子間を結ぶ「JR横浜線」の長津田駅から町田駅まではわずか1駅。対して横浜駅からは8駅もかかるため、長津田駅の近隣住民は買い物の時は町田方面にでかける人が大半だ。同じく長津田駅に停車する「東急田園都市線」は、大和市の中央林間や東京屈指のおしゃれスポットである二子玉川や三軒茶屋と直通という、若い女性からの支持が高い路線だ。「JR根岸線」に存在する「新杉田駅」や「本郷台駅」は「大船駅」と近隣であるため、鎌倉市や藤沢市とアクセスしやすい。広大な都市ゆえの現象といえるだろう。

035

JR東海道線の遅延になれっこ

横浜と東京方面、神奈川の各駅を結ぶ大動脈線「JR東海道本線」は、最近電車が緊急停車することが相次いでいる。その原因は2015年から開始した「上野東京ライン」の影響で、路線が複雑化したことにより遅延が発生しやすくなったと推測されている。使用車両が「くるり」の楽曲「赤い電車」のモチーフにもなった横浜～品川、羽田空港間を結ぶ「京急電鉄」は、昔から遅延が少ないと定評で、ネット上では「人を6人ひかなければ止まらない」などと言われている。だがその反面管理体制がいいかげんとされており、朝のラッシュ時は「混雑の影響」などという曖昧な理由で遅延することがあるとか。いずれにせよ、忙しい時は時刻表通りに電車が来て欲しい。

036

横浜ドリームランドが思い出深い人が多い

1964年に戸塚区で開設した「横浜ドリームランド」は、アメリカのディズニーランドをモチーフに設立された遊園地で、園内にはホテル、ボウリング場、映画館までをそろえた当時としては珍しい複合レジャー施設だった。首都圏に遊園地が少なかったこともあり、当初は大人気を誇っていたドリームランドだが、1980年代以降レジャー施設が増加したことが要因で入場者は年々減少。親会社の経営難も重なり2002年に閉園した。現在では大学の敷地になってしまったドリームランド跡地だが、かつては遠足や家族旅行など、横浜市民定番の観光スポットだった。また跡地近隣のバス停やビルには今でも「ドリーム」の名前が冠せられている。「夢の国」は不滅だ。

037

国道1号線をニコクと呼ぶ

横浜市民の中には、国道1号線を「ニコク」という通称で呼ぶ人がいる。ニコクとは正確には国道1号線のうち、「横浜市神奈川区青木通交差点から東京都品川区西五反田一丁目交差点」までの区間を示す言葉で、この区間は「第二京浜国道」と名付けられているため、それを略した言葉なのだ。なお南側に存在する「第一京浜国道」は「イチコク」とよばれている。ネットサイト「はまれぽ」が行った調査によると、ニコクという言葉が生まれたのは第二京浜国道が完成した昭和30年代で、国道1号線が通り昔からの住民が多い鶴見区で主に使われているという。ちなみに関西地方では「ニコク」は第二阪神国道（国道43号線）のことをさす。

038

大規模なダンスイベント好き？

横浜ではなぜか大規模なダンスイベントが定期的に開催される。毎年ゴールデンウィークに中区で開催される「みなと祭り」では、「ザよこはまパレード」と称し、市内各地からダンスサークルやチアリーダー、マーチングバンドが集まり、ダンスをしながら道路を練り歩くというイベントが開催される。また10月に開催される「横浜市立小学校体育大会」第60回大会からは、「Let's Dance With YOKOHAMA」という横浜市歌をアレンジした曲に合わせ、市内中の小学生が踊るのだ。なお十数年前は、「B-z」の「LOVE PHANTOM」などが使用されていたという。海に囲まれた開放的な風土、古くから外国文化に触れ、珍奇で明るいものに抵抗を持たない風潮が市民を踊り好きにさせたのだろうか？

039

市外の人からは「スカしている」と思われることも

大都市の住民というイメージゆえか、横浜市民の態度を高慢と感じる市外の人も存在する。タレントのマツコ・デラックスは以前から「高圧的」、「上から目線」と横浜市民嫌いを公言しており、2015年10月に放送された「月曜から夜ふかし」では、青葉区を「なんか磁場が違うでしょ?」などと暴論を吐いていた。確かに番組中のインタビューでは、「モダンな町」、「ファッショナブルで自由」と自分が住む街を肯定する横浜市民が多かったが、それが全くの事実である点が、市外の人から見ると憎らしさに拍車をかけているのかもしれない。とあるサイトでは、横浜市民のプライドの高さ、そして東京に次ぐ2番手という立ち位置を「ドラゴンボール」の「ベジータ」に例えている。

040

なんだかんだ横浜に愛着を持つ

海に囲まれ風情のある市街地、東京都心へのアクセスも近く郊外に一歩足を踏み出せば豊かな自然が広がっていると、横浜は大変恵まれた環境を持つ街だ。加えて娯楽施設や商業施設も豊富で、わざわざ市外におもむく必要性もないことから、多くの横浜市民が自分の住む都市に愛着を持っている。「リクルート」が行う「住みたい街ランキング」2016年度版において3位を獲得するなど、市外からの人気も高く、今後の横浜はますます繁栄することが予想される。横浜市民のみならず、多くの神奈川県民にとって横浜は、東京よりも気軽に行けて地元と同じ店が街に立ち並んでいるため、大変親しみやすい街となっている。横浜は神奈川の「優しい大都会」だ。

第3章

横浜
芸能・スポーツ
あるある

041

歌のテーマにされることが数多い

風情ある港街・横浜は昔から数々の歌の舞台となっている。1968年に発売されたいしだあゆみの「ブルーライト・ヨコハマ」は、夜の横浜をテーマにした曲で、横浜開港150周年を記念して行われた「ご当地ソングアンケート」において堂々1位を記録した。「よこはま・たそがれ」は五木ひろしの再デビュー曲で、それまでヒットソングに恵まれなかった五木にとって起死回生となった歌だ。98年に発売されたサザンオールスターズの「LOVE AFFAIR ～秘密のデート」は、「マリンルージュ」、「シーガーディアン」など横浜の名所が次々と紹介されており、98年当時は歌詞の通りに名所をめぐるカップルが続出したとか。あなたも横浜に行けば自然と歌のメロディが思い浮かぶかも？

あぁ～ヨコハマァ～♪
ヨコハマ
だヨ～♪
ヨコ
ハマァ～

042

横浜が産んだ昭和の大スター・美空ひばり

戦後の昭和を代表する歌手・美空ひばりの出身地は横浜の磯子区。デビューはわずか11才の時で、映画内で見せた大人顔負けの歌唱力は聴くものを驚愕させ、当時は「天才少女歌手」の名をほしいままにした。成人後は歌手の他に女優業も兼任し数々の大ヒット映画に出演、国民的大スターの座を不動のものとする。出身地の横浜には美空ひばりに関する数々の足跡が残されており、実家だった鮮魚店は現在でも美空の親族が営業している。また野毛にある生前の美空が行きつけにしていた寿司店の前には、少女時代の美空ひばり像が建てられ、今でも多くのファンが訪れる。52才の若さでこの世を去った昭和の大スターの魂は横浜の地に深く根付いている。

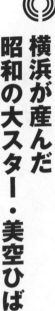

横浜が生んだ
昭和の大スター
美空ひばり

043

ゆずは横浜の路上からスタートした

人気フォークデュオ「ゆず」のメンバー北川悠仁、岩沢厚治はともに横浜市出身。当初はアマチュアミュージシャンで、伊勢佐木町の商店街で弾き語りを行っていたことから地元で話題となった。1998年のプロデビュー当時、彼らが歌う純真無垢な曲は、当時ビジュアル系ロックやダンス系ミュージックが最盛を極めていたJ-POP界に大きな衝撃を与えた。彼らの成功を受け、その後日本中の繁華街に路上アーティストが続出するようになり、後発のフォークソング系ミュージシャンが次々とデビューした。あらゆる意味で日本の音楽界に影響を与えた彼らだが、残念ながら彼らの後に大ヒットした路上出身ミュージシャンの記録は見当たらない。

路上のカリスマ
ゆず

044

SMAP、AKB48、EXILE全てのグループに横浜出身者が存在した

アイドルグループ「SMAP」の香取慎吾は横浜市出身。少年時代の香取が電車通勤する姿を横浜市内で目撃したという声は数多い。実家は公表されていないが、ネット情報によると○○区の精米店という噂も……。元「AKB48」メンバー大島優子の出身地は栃木県と公表されているが、実際の生誕地は横浜の港北区だ。大島は幼少期から子役タレントとして活動しており、AKBデビューを機にプロフィールを変更したと推測される。横浜出身のUSAとMAKIDAIが1994年に結成したダンスグループ「BABY NAIL」が現在の「EXILE」の前身になった。MAKIDAIは若い頃、横浜では有名なナンパ師だったとか。日本を代表する3グループ全てのメンバーを輩出した横浜は、まさに「スターの街」といっても過言ではない。

AKB48
SMAP
EXILE
みんな横浜出身

045

桐蔭学園出身の有名人は数知れず

青葉区に存在する私立高校「桐蔭学園」は、1学年1000人、総生徒数3000人程度の超マンモス校。加えて進学校でスポーツ教育にも力をそそいでいるため、これまで数多の有名人を輩出した学校だ。メタルバンド「聖飢魔II」のボーカル、デーモン小暮閣下は同校出身。幼少期はアメリカで過ごしていたため英語が堪能で、相撲に造詣が深く大相撲中継のゲスト時は理論的な解説を見せるなど、見た目とは反したインテリキャラだ。俳優水嶋ヒロは同校のサッカー部に所属し、全国大会ベスト4まで進出した。他にも漫画家のやくみつる、お笑い芸人の椿鬼奴、読売ジャイアンツ監督の高橋由伸、バンド「RADWIMPS」のボーカル・野田洋次郎……etcなど、名前を挙げていくとキリがない。

芸能界に入るなら
この、桐蔭学園に
入学するんだな!!

046

ベイスターズ人気は急上昇中！

プロ野球「横浜DeNAベイスターズ」は、前身となった「大洋ホエールズ」が横浜に移転したのが1978年と歴史が浅いことから地元人気は低いと言われ続けていた。特にV9時代を体験した高齢層の間では読売ジャインツの人気が根強いため、「横浜はベイスターズより巨人が人気」というのはプロ野球ファン共通のイメージだった。しかし、ここ数年ホームゲームの観客動員数が増加の一途で、WEBマガジン「はまれぽ」の「好きなプロ野球チームは？」というアンケートでダントツ一位を獲得するなど、横浜市民、特に若年層の間でベイスターズ人気は急上昇しているのだ。BOXシートを設けるなど、球団側はさまざまなサービスを行っている。こうした地道な努力が人気上昇に結びついたのだろう。

横浜 DeNA
ベイスターズ
人気急上昇

047

横浜F・マリノスはJリーグ屈指の高齢チーム

「横浜F・マリノス」は、日本リーグ時代の「日産自動車サッカー部」を前身とするサッカーチーム。1993年の開幕時からJリーグに加盟する「オリジナル10」のうちの一つであり、年間優勝3回、天皇杯優勝2回を数える名門チームだ。これまで多くの選手が在籍したF・マリノスだが、2016年現在38才の中村俊輔をはじめ、同じく38才の中澤佑二、33才の榎本達也など、現在は高齢選手が多く所属しているのだ。最近では若手が台頭してきたものの、数年前まで今より高齢化が著しく、13年12月時はスタメンの平均年齢が33才以上という事態になっていた。「おっさん軍団」と揶揄された当時のF・マリノスだが、老獪な技術を活かし13年度のJリーグでは年間2位を獲得した。

若い奴らにゃ
負けんぞい!!

048

横浜の高校は甲子園で激闘をくりひろげた

全国屈指の野球激戦区である神奈川県に所在する横浜の高校は、甲子園の場で数々の名勝負を繰り広げてきた。「横浜商業」通称「Y校」は、大正時代から現在にいたるまで春夏合計16回の甲子園出場を果たし、かつては神奈川の野球強豪校の代名詞だった。「慶応高校」は夏の甲子園17回出場の名門。これまでに渡辺泰輔、佐藤友亮といったプロ野球選手を輩出している。春夏合計出場20回、そのうち優勝3回と「横浜高校」は平成期に入り圧倒的な実績を残している。特に1998年は当時不動の大エースだった松坂大輔（現ソフトバンク）を中心に勝利を繰り返し、公式戦44連勝、春夏甲子園と国体合わせ三冠と数々の金字塔を打ち立てた。これからも横浜の高校の名勝負が見てみたい！

ワー
ワー
ワー
ワー
YOKOH
横浜熱戦

049

日本のテニス、ラグビーの発祥地は横浜だ

明治時代、数多くの西洋スポーツが横浜に伝えられた。明治期の英字新聞「ジャパン・ウィークリー・メール」によると、日本ではじめてテニスが行われた場所は明治9年（1876年）の山手公園。イギリスでテニスが現行のルールになったのが1874年とされているから、わずか2年後に伝わったということだ。現在の山手公園内にはテニス発祥を記念する石碑が建てられ、日本最古のテニスクラブが存在している。同じく英国で生まれたラグビーは明治32年（1899年）、当時慶応大学で働いていたイギリス人講師が学生たちに指導したのが日本でのはじまりといわれている。その結果か、日本では主に大学スポーツとしてラグビーが盛んだ。講師はキックの時に印を結んでいたのだろうか？

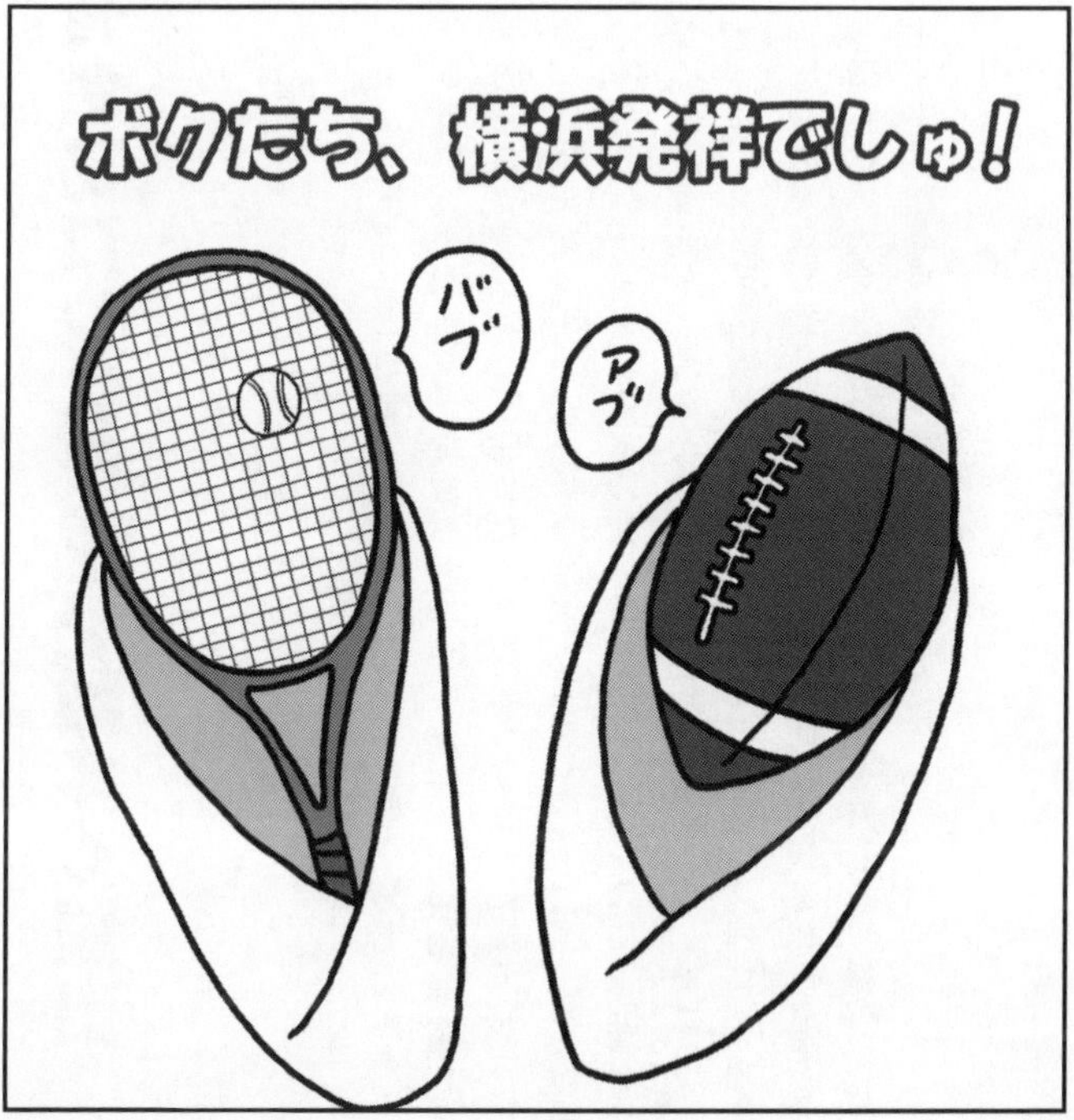
ボクたち、横浜発祥でしゅ！
バブ
アブ

050

有名プロレスラーを数多く輩出

モハメッド・アリと対戦するなど、数々の伝説を残したアントニオ猪木の生誕地は横浜の鶴見区。実家が営んでいた石炭問屋が倒産したことから、13才の時にブラジルに移住した。なお意外なことに横浜時代は運動神経が鈍く、同級生から本名の「猪木寛至」をもじって「ドン寛（鈍感）」と呼ばれていたという。その猪木に憧れて新日本プロレスに入団した高田延彦の出身地は戸塚区だ。現役時代は格闘技色の強い「UWF」という団体を立ち上げ、エンタメ路線が主流だった当時のプロレス界に一石を投じた。磯子区出身の女子レスラー神取忍は、高校時代柔道部に所属し全日本選手権3連覇、世界大会3位という輝かしい実績を残した。横浜には強者を生み出すオーラがあるのかもしれない。

横浜
YOKOHAMA
プロレスラー

051

横浜出身のイケメン俳優はきれいめがウリ

街のステロタイプなイメージ通り、横浜出身のイケメン俳優は線が細く清潔感のある「きれいめ男子」が多い。向井理は金沢区の高校出身。高校時代はサッカー部に所属し、現在のイメージとは裏腹にやんちゃで活発な雰囲気だったという。なお納豆を見るのもイヤだというほど苦手にしているが、それは両親が関西出身であるためか。「パネルクイズ アタック25」内で優雅な司会ぶりを見せる谷原章介は中区出身。現在は横浜マラソンの大会アンバサダーをつとめており、2015年度から10キロマラソンに参加している。途中の給水所では名物の中華まんを食べるなど地元アピールも忘れない。次にブレイクする横浜のイケメンはどのような男性だろうか？

052

Fヨコのフジタ君は横浜のスター

現在、「FMヨコハマ」でDJやレポーターをつとめる藤田祐一は、横浜で生まれ市内の高校を卒業した生粋のローカルタレントだ。「神奈川のことなら何でもおまかせ！」を自称する藤田は、「THE BREEZE」という番組内で「はあ〜いフジタでェ〜す！」というかけ声とともに、横浜のみならず神奈川の各地に出没してレポートを行った。藤田がレポートする場所は名所のみならず、ぶどう園や街角のレストランなど多種多様で、小田原市の北条祭りの時は甲冑を着込むという芸の細かさを見せた。そのように地元の有名人だった藤田だが、2016年3月に「THE BREEZE」が終了。最終回は感極まり涙を流した。現在も藤田は「THE BREEZE」の後番組に出演し、軽快な掛け声を響き渡らせている。

053

出川哲朗の実家は横浜の老舗のり商店

リアクション芸人の大家、出川哲朗の実家は神奈川区の老舗のり商店「つた金商店」だ。現在は出川の実兄が代表取締役をつとめ、店では出川の写真を貼り付けた味付けのりなど彼をフィーチャーした商品も取り扱われている。ほかにも大伯父に元経団連会長を持つなど由緒正しい家柄に生まれた出川だが、ご存じの通り当の本人は完全な「なめられキャラ」で、母校の武相高校の生徒の前でVTR出演したさいは、歓声ではなく失笑が校内を包んだという話も。出川は長年にわたる過酷なロケの結果、満身創痍の状態だ。それにもかかわらず、50才をこえた現在でもロケを続けられるのは、少年時代に実家の製品のカルシウムで骨を鍛えた結果だろうか？

054

アジカンは関東学院で誕生した

詩的な歌詞とサウンドが特徴のバンド「ASIAN KUNG-FU GENERATION」のメンバーは、全員横浜の関東学院大学の軽音楽サークル出身者だ。金沢区にはアマチュア時代のメンバーが行きつけにしていた居酒屋が今でも存在し、当時の彼らはレモンサワーをひんぱんに注文していたという。「アジカン」の横浜に対する地元意識は根強く、彼らが主催する音楽フェスティバル「NANO-MUGEN FES」は、2005年から不定期に横浜アリーナで開催されている。また結成10周年を記念して2013年に横浜スタジアムで予定された、「オールスター感謝祭」の当日の朝は豪雨が降り開催が危ぶまれたが、開催時間が近づくにつれて雨は止み、無事開催にこぎつけた。アジカンファンの祈りが奇跡をおこしたのだ。

055

タマちゃんは横浜に出没した

2002年の夏、日本の河川に突如オスのアゴヒゲアザラシが出現し、当時大きな話題となった。アザラシは当初東京の多摩川に現れたため「タマちゃん」と名付けられたが、実際はその後移動を繰り返し横浜の鶴見川や帷子川《かたびらがわ》へと移動した。鶴見川出現時は横浜市が「西玉夫」という特別住民票を与え、帷子川に出現したさいは、横浜駅の近くにまで移動したため大騒動となるなど、当時は熱狂的な「タマちゃんフィーバー」が発生した。捕獲して海に帰すべきという声もあがったが、人が触れるとストレスで死亡する可能性があることから計画は見送られた。食料が豊富にあるからか、都会の河川はタマちゃんにとって居心地のよい場所だったようで、2004年まで関東各地を漂流したのだ。

056

DeNAベイスターズは打者育成能力が高い

2000年代以降はAクラス入りわずか2回、最下位10回とチーム成績がふるわない横浜DeNAベイスターズだが、強打者を多く輩出している。2002年に入団した村田修一は06年から3年連続で30本塁打以上を記録。特に08年は両リーグ最高となる46本塁打を放ち、翌年3月に開催されたWBC（ワールド・ベースボール・クラシック）では主軸をつとめるなど、この時期の村田は日本を代表するスラッガーだった。その村田と10年までチームメイトだった内川聖一は08年にプロ野球右打者最高記録の打率378を記録し、スラッガーの村田とともに他チームの脅威だった。現在も規格外のパワーを持ち、2017WBC4番候補の筒香嘉智が在籍している。……にも関わらず、どうしてチームは勝てないのだろうか？

057

横浜スタジアムは日本唯一のクッキーカッタースタジアム

横浜DeNAベイスターズの本拠地「横浜スタジアム」は、中区に存在する収容人数約3万人の野球場だ。ネーミングライツ（競技場に企業名を名付けること）全盛の中、「横浜」という地名を冠している点に好感が持てる。横浜スタジアムは真円型という独特の形状だが、それはスタジアム建設当時アメリカで流行していた、「クッキーカッタースタジアム」などと呼ばれるアメフト兼用球場を参考にしたため。そのため内野スタンドは可動式となっており、現在もアメフトリーグ「Xリーグ」の競技場として使用されている。完成当時は「日本一広い野球場」だった横浜スタジアムだが、その後の大型球場の林立により、今では「日本一狭いプロ野球ホーム球場」になってしまった。

058

日本最大の競技場、日産スタジアム

横浜F・マリノスの本拠地「日産スタジアム」は、1998年に完成した7万2千人以上の収容人数を誇る超巨大競技場で、その収容人数は現在でも日本一だ。Jリーグのホームスタジアムは小規模な競技場も珍しくないため、マリノス戦の時はその威容に圧倒される他チームのサポーターも多いとか。しかしあまりにも大きすぎるため、客入りのいい日でも空席が目立ってしまうのが難点だ。日本代表が史上初の勝利をおさめた2002FIFAワールドカップロシア戦など、何度もサッカーの大舞台となった日産スタジアムは、スポーツ以外の用途で使われることもあり、16年7月16、17日に開催されたバンド「BUMP OF CHICKEN」のツアーファイナル公演は、合計14万人程度の観客動員数を記録した。

059

かつて横浜にはもう一つのJ1チームが存在した

現在、横浜に所在するJ1チームはF・マリノスのみだが、かつては「横浜フリューゲルス」というチームが存在した。フリューゲルスはF・マリノスと同じく「オリジナル10」の一つで、日本代表のボランチだったMF山口素弘、2002年日韓ワールドカップで守護神をつとめたGK楢崎正剛など数々の名選手を輩出した。1993年天皇杯で優勝するなど強豪チームとして君臨したが、親会社の経営不振を理由に、98年10月に突如横浜マリノス（当時）との吸収合併が発表された。存続をうったえるサポーターの声もむなしくチームの消滅は決定。「負けた時点で消滅」という状況の中で挑んだ第78回天皇杯では奇跡的な優勝をはたし、フリューゲルスは有終の美をかざったのだ。

060

横浜マラソンは人気上昇中

2007年から始まり、毎年3万人以上が参加する「東京マラソン」はすっかり冬の風物詩となったが、横浜でもマラソン大会が毎年開催されているのだ。「横浜マラソン」は1981年から開催と、東京マラソンよりもはるかに長い歴史を持つ市民マラソン大会で、コスプレが禁止されているなど競技性が高いものとなっている。2013年度まではハーフマラソン形式だったが、2年ぶりに開催された15年度大会からは、フルマラソン形式となり、より本格競技化した。昨今のジョギングブームを受けてか最近は新規参入者が増加しており、SNSに挙げられたマラソンを完走し歓喜するかつての同級生の写真を見て、驚きを感じる横浜市民は多いという。

第4章

横浜
タウン・スポット
あるある

061

明治期、日本の近代化の礎になった街だった

嘉永5年（1853年）のペリー率いる黒船来航以降、西洋諸国との交流を開始した日本国内には貿易用の大規模な港の建設が必須となった。当初はペリー一行が駐留していた現在の八景島周辺に開港が予定されていたが、その場所は日本の主要都市を結んでいた東海道と直結していたため、日本人と在留外国人の間で衝突が発生する危険性があった。そこで当時の江戸幕府は八景島と対岸の横浜村を開港地とすることを決定した。港が作られた結果、小さな漁村は外国との一大交流地となり、無数の西洋文化が横浜から日本中に発信された。そして新しい商売を開始するために多くの人々が全国各地から集結した。こうして横浜は日本屈指の港町へと変貌をとげた。

日本屈指の港町
横浜
まさに日本一!!
横浜すごいな～

062

日本初の鉄道は横浜が出発点だった

明治維新後、富国強兵策をおし進めていた時の明治政府は国家近代化の一環として鉄道建設を計画した。日本初の鉄道路線は首都の東京・品川と港があった横浜間に指定され、明治5年（1872年）5月7日、現在の桜木町と品川を結ぶ鉄道が運行したのだ。開通式は明治天皇臨席のもと大々的に行われ、同年9月に区間を新橋まで延長し本格的に営業を開始した。徒歩か馬しか移動手段を知らなかった当時の日本人たちは汽車の速度に驚愕したという。ちなみにこの鉄道はイギリスからの技術提供のもとに建設されたが、現在イギリスで使用されている高速鉄道「ジャベリン」は日本の日立製作所が製作したもの。100年以上の時を経て日本がイギリスに恩返しをしたのだ。

ドヒュン!!
速っ
ヒヒヒン

063

横浜駅は日本のサクラダ・ファミリア？

1日平均220万人（2015年度）と、日本5位の乗降客数を誇る横浜駅は、6つの鉄道会社が乗り入れるカオスな駅であるため、常に「工事中」であることが特徴。駅各地にはネットやパイプがはりめぐされ、1915年の開設以来一度も工事が完了したことはない。その様子はスペイン・バルセロナの130年以上建設作業が行われている教会になぞらえ、「日本のサクラダ・ファミリア」と皮肉を込めて呼ばれることも。2011年には横浜駅西口の「横浜CIAL」、「横浜エクセルホテル東急」が相次いで閉館し、2020年には跡地に地上33階立ての高層ビルが建設予定だ。横浜駅とサクラダ・ファミリア、はたして本当に完成する日がくるのだろうか？

横浜駅
工事中
日本のサグラダファミリア
いつになったら完成する

064

みなとみらいの平日昼間は意外と閑散としている

296mと日本第2位の高さを誇るビル「横浜ランドマークタワー」や、複合商業施設「クイーンズスクエア横浜」などが林立する計画開発地区「みなとみらい」。みなとみらいの高層ビル群の夜景は非常に美しく、横浜のシンボル的風景としてテレビ中継されることも多い。「赤レンガ倉庫」、「カップヌードルミュージアム」など娯楽施設も多く、イベントもひんぱんに開催されるため、休日や夜間はカップルや家族連れで賑わうが、建物の立地の間隔が広くビジネス街というわけでもないため、平日昼間は人通りも少なく閑散としている。「臨港パーク」など地区内には広々した緑地もあるため、平日は都心とは思えないのんびりした雰囲気が味わえる。

平日の昼は
意外と人が
少ないな
のんびり

065

異国情緒ただよう馬車道・日本大通り

関内地区に存在する「日本大通り」は明治3年に完成した日本初の西洋風街路。隣接する馬車道周辺も含めた周囲一帯は昭和3年に建設された帝冠様式（和洋折衷）の「神奈川県本庁舎」、かつては横浜正金銀行の本店として使用されていた「神奈川県立歴史博物館」、日本の重要文化財に指定されている「横浜市開港記念館」など、数多くの西洋風建築物が立ち並んでいる。しかも関内地区の市街は碁盤状に整頓されていて道路幅も広いため、ヨーロッパの街並みを思わせる景観になっている。街にはオープンカフェも設置されており、隣接する海岸公園「象の花パーク」ではバレエなどの公演が開催されることもある。散歩するだけでおハイソな気分になれる街だ。

波乱万丈の歴史
完成当時は、世界一だって言われてたんですよ
一時期は営業を停止していたんです
今はなんとか営業を再開しています

068

氷川丸はさまざまな用途に使用された

中区の山下公園沖に停泊している「氷川丸」は、昭和5年（1930年）に竣工した12000tクラスの大型船。完成当時は最新鋭の客船として日本〜アメリカ・シアトル間を航行し、チャールズ・チャップリンも乗船したことがある。しかし日米関係が悪化するとともにシアトル航路の閉鎖が決定し、氷川丸は日本人とアメリカ人を「交流させる」船から「祖国へ送り届ける」船へと役目を変えた。太平洋戦争勃発後、病院船として改造され多くの負傷兵たちを収容、戦後は帰還兵たちの引き揚げ用に使用された。まさに激動の昭和史に翻弄された船舶といえるだろう。現在の氷川丸は船舶としての機能を停止し、毎日正午には戦後の平和な横浜に汽笛の音を鳴り響かせている。

ブォォオオオ
氷川丸
HIKAWAMARU

069

マンモスプールは某テレビ局のマークに似ている

海に囲まれているにもかかわらず、めぼしい海水浴場が存在しない横浜では海といえば江ノ島や鎌倉海岸、市内で泳ぐ場合はプールを利用することが多い。遊泳場といえばプールが一般的。吹き出す噴水が設置された大プールや色とりどりのウォータースライダーが名物の「本牧市民プール」、日産スタジアム内に存在する温熱を利用した「日産ウォーターパーク」などが存在するが、その中でも最も知名度が高いのが磯子区原町の「横浜プールセンター」だ。同施設は1964年に開業した老舗で、一周360㎡と広大なことから「マンモスプール」の愛称で親しまれている。プール内にはリング状の休憩所が設置され、中央部には小島のような中央ステージがあるので、上空から撮影された写真はどことなくフジサ○ケイグループのマークに似ている。

070

神戸と類似点が多い

港町、ハイカラなイメージ、中華街が存在するなど、横浜と兵庫県の神戸市は共通点が多いといわれる。他にも「観覧車が見える夜景」、「街の象徴となるタワー」、「赤レンガ倉庫が市内の観光スポットになっている」など、細部にいたるまで驚くほど共通点が多いのだ。まさに兄弟のような両都市だが、広大な平地状の横浜に比べ、神戸市は海岸沿いで北部は山地に囲まれているため、市街地は香港のように長方形に広がっている。そのため交通の便がよく市内観光の行いやすさでは神戸市に軍配が上がるという声もある。ちなみに神戸市の中華街「南京町」はそれほど規模が大きくないため、観光に訪れたさい横浜中華街の広大さに驚く神戸市民もいるとか。

観覧車
タワー
中華街
赤レンガ倉庫
似ているね
横浜
神戸
ボクたち

071

江戸時代まで小さな漁村だった

「横浜」という地名は室町時代の嘉吉2年（1442年）、当時書かれた文献に「横浜」と書かれていたことが初出だとされている。地名の由来はさまざまな説があるが、土地内の砂浜が「横に」長く伸びていたためというものが有力視されている。江戸時代当時の「横浜村」は海岸沿いで周囲を山に囲まれた土地で交通の便が悪かったため、人口の少ないさびれた漁村にすぎなかった。そのような状況が一変したのは明治維新後。外国との交流拠点として港が設置されたことにより横浜は飛躍的な発展を遂げたのだ。明治維新後、天皇が上京し奠都（首都機能を移転すること）したことも合わせ、この時期に国内の政治、文化の中心地は名実ともに西日本から東日本へと変せんしたのだ。

072

市街地から離れると山間部や田園風景が目に着く

437・49㎢と神奈川県最大の面積を誇り、18もの区で構成される横浜は1つの都市というより各都市の集合体とでもいった方が適切だ。そのため市内には山間部、田園地帯、海岸地帯などさまざまな地域が存在する。JR東海道線に乗車して神奈川県西部から横浜に向かうと、山の中を通るトンネル、緑に囲まれた牛舎、川沿いに立ち並ぶ住宅群など、「都会」、「オシャレな港町」という横浜の一般的なイメージとはかけ離れた光景を目にする。また川崎、藤沢、横須賀、東京の町田などと隣接しているため、めったに行かない横浜駅周辺やみなとみらいよりも、自分が住んでいる区に近い都市の方がなじみ深いという横浜市民は珍しくないとか。

073

横浜には二つの巨大地下街が存在する

横浜駅の西口、東口にはそれぞれ地下街が存在し互いに盛況を誇っている。西口地下街は「相鉄ジョイナス」。以前は「ダイヤモンド地下街」という名称で親しまれていたが、2015年に西口の駅ビルと統合、リニューアルされたことにより現在の名称に変更した。東口地下街は「横浜ポルタ」。ポルタとはイタリア語で「扉、門」を表す言葉で、その名の通りデパート「横浜そごう」、複合施設「スカイビル」の地下入り口と連結しているのが特徴だ。ちなみに京都市の地下街もポルタという名称だが、横浜ポルタとの関連性は全くない。アパレル、書店、飲食店など両地下街ともに多くの商業施設がそろっているため、わざわざ横浜市街に出なくても事足りるという意見も多い。

074

ベイブリッジはなぜか映画で破壊される

「横浜ベイブリッジ」は平成元年（1989年）に中区〜鶴見区ふ頭間に開通した約860mの吊り橋。バブル期真っ只中に開通したこともあり、かつては恋人たちのドライブの定番スポットだった。観光地というイメージが強い橋だが、東京〜横浜間の渋滞を緩和する効果があるなど実用性も高い。そんな素晴らしい橋なのだが、なぜか映画内でひんぱんに破壊されるのだ。平成4年（1992年）公開の「ゴジラvsモスラ」では怪獣の光線で吹き飛ばされ、平成5年（1993年）の「機動警察パトレイバー2 the Movie」では戦闘ヘリから発射されたミサイルにより分断された。2000年代以降も「ゴジラ」と「ウルトラマン」の映画で破壊された。映画人はベイブリッジに恨みでもあるのか？

075

二大レジャー施設、シーパラダイスとズーラシア

横浜市内には「横浜・八景島シーパラダイス」と「よこはま動物園ズーラシア」というそれぞれ関東最大規模の動物テーマパークが存在する。金沢区に存在するシーパラダイスは水族館や遊園地が併設された複合施設。水族館はピラミッド型のモダンな外観が特徴で、館内では2014年まで巨大なジンベイザメ「八兵衛」が飼育されていた。旭区のズーラシアは約53.3㎢と巨大な面積を誇り、当初は施設の老朽化を理由として同じく旭区に存在する「野毛山動物園」内の動物の移転が予定されていたが、野毛山動物園の存続を希望する市民側の反対により計画はとりやめになった。都会的な横浜市街から一歩郊外に踏み出すと、そこには大自然が広がっている！

076

伊勢佐木町の隣町は風俗街……

関内の「伊勢佐木町」は、アマチュア時代の「ゆず」が路上ライブを行ったことで知られる商店街「イセザキモール」が存在するなど、華やかな雰囲気が広がっている。だがおしゃれな商店街を一歩踏み出すと、そこには「○○学園」、「○○倶楽部」などというといかがわしい雰囲気のお店が表通りに堂々と面して林立しているのだ。伊勢佐木町に隣接する黄金町、寿町一帯は明治時代から遊郭が栄えた土地で、その名残か現在も風俗街となっている。そのためこの辺りは「親不孝通り」という蔑称が名づけられている。今では廃止されたが、数年前までは京急黄金町駅を下車すると、そこには外国人娼婦が立ち並ぶ「ちょんの間」が存在するという、日本とは思えない光景が見られた。

077

横浜国立大学の立地に幻滅する学生も

「横浜国立大学」、通称「横国」は、戦前に存在した複数の教育機関を統合し1949年に誕生した国立大学で、経済学部や理工学部など4つの学部が存在する総合大学だ。「B'z」の稲葉浩志、タレントの眞鍋かをりなど多くの著名人を輩出したことでも知られる横国だが、所在地が保土ヶ谷区郊外であることが特徴。周囲は山と道路に囲まれ、しかも横浜駅からバスで25分とへんぴな場所であるため、海、都会という横浜のイメージにあこがれて横国を志望したものの、実際の所在地を知りがっかりする受験生も多いとか。市内には横国以外にも海が隣接する「関東学院大学」、昭和の風情が漂う街「白楽」に所在する「神奈川大学」など、数多くの大学が存在する。

078

横浜生まれのスリーエフは四国ではメジャーだった

「星より明るく」というキャッチフレーズをかかげるコンビニエンスチェーン「スリーエフ」の創業地は横浜市磯子区。現在も本社は日本大通りに存在する。90年代当時に放送されたテレビCMにはいしだあゆみの「ブルーライト・ヨコハマ」が使用されるなど、以前は横浜生まれを強調したイメージ戦略を行っていた。神奈川、東京など南関東圏外ではほとんど見かけないスリーエフだが、四国では地元のスーパーチェーンと提携し出店しているのだ。四国には80店舗ほどのスリーエフが存在し、中でも高知県では66店舗と1位のローソン（67店舗）に匹敵するシェア数を誇っている。今後、横浜と四国を拠点にして全国進出を達成してもらいたい。

079

「反町」は「そりまち」じゃなくて「たんまち」だ！

神奈川区に存在する「反町」という地名は、某俳優の影響からか「そりまち」と読まれがちだが、実際には「たんまち」と読む。町内は横浜駅から近いにもかかわらず、駅前の商店街はシャッター街となっていて人通りもまばらと、さびれた場所となっている。市内には反町の他にも同じく神奈川区に存在する「内路」（うつろ）、青葉区の「鉄町」（くろがねちょう）、港北区の「大豆戸」（まめど）、江南区の「下車ヶ谷」（かしゃげと）など、難解な読み方をする地名が各地に点在しているのだ。とくに大豆戸などは『大』はどこにいったんだ！」と思わずツッコみたくなってしまう。横浜の図書館や資料館でこれらの土地の名の由来を調べてみると面白いかも。

080

駅から降りた光景が凄まじい鶴見線

JR、各私鉄合わせさまざまな路線が入り乱れる横浜市内だが、その中の一つに「JR鶴見線」がある。鶴見線はもともと京浜工業地帯の労働者を運搬することを目的に開設された路線で、横浜の鶴見区から川崎市まで広がっている。そのため列車は市街地に停車することはほとんどなく、駅を降りると工場や廃墟が立ち並ぶ町並み、大戦時の機銃掃射の跡が外壁に残る高架下など、戦後の混乱期を連想させるような光景が広がっているのだ。ちなみに海芝浦支線の終点「海芝浦駅」は東芝の工場内に立地するので、社員以外は下車できない。あまりに非日常的な雰囲気にカルトな魅力を感じるのか、連日重度の鉄オタたちが鶴見線の駅を訪れるという。

第5章

横浜グルメあるある

081

神奈川のソウルフード、崎陽軒のシウマイ

横浜駅前に本社をかまえる「崎陽軒」は、神奈川、東京の駅を中心に店舗を構える中華風弁当販売所だ。看板メニューである「シウマイ」（「シ『ュ』ウマイ」でないところがポイント）は、電車の中で食べやすいようにと小ぶりであることと、冷めても豚肉の臭みが出ないように干しホタテのエキスが混ぜてあることが特徴で、本式の大き目のシュウマイよりこちらの方がなじみ深いという横浜市民も多い。崎陽軒の「シウマイ弁当」はシウマイの他に厚焼き卵や鳥の唐揚げが入った和中折衷の構成で、アンズの甘煮という珍しいメニューも入っている。神奈川のいたるところで売られるシウマイ弁当は、横浜市民のみならず神奈川県民のソウルフードといっても過言ではない！

これぞ神奈川のソウルフード

崎陽軒のシウマイ

082

有名俳優も絶賛！崎陽軒もう一つの看板商品、横濱チャーハン

崎陽軒最大の売り上げを誇る商品はシウマイ弁当だが、「横濱チャーハン」も根強い人気をほこる。この商品はその名の通りチャーハンを主体としたもので、崎陽軒らしくシウマイがサイドメニューに加わる。なお同社の商品に「炒飯弁当」というものがあるが、横濱チャーハンの方が230円安く、しかもチャーハンに大きなゆでエビがトッピングされているため、なんとなく割得感がある。横濱チャーハンはもち米のような食感が特徴で、時間がたってもご飯粒がくっつかずパラパラ感を保つため、シウマイと同じく冷めていても美味しいのが特徴。俳優の安田顕はテレビ朝日系「中居正広のミになる図書館」に出演したさい、本商品の魅力を熱心に語っていた。

崎陽軒は
シウマイだけじゃないヨ!!

083

神奈川以外では知られていないサンマーメン

「サンマーメン」とは、ラーメンの上にもやしのあんかけをのせた料理で、店によっては他の野菜や豚肉の細切りが入ることもある。中華料理店で働く調理人のまかない料理が原型とされており、名前の由来はもともとサンマ入りだった……、というわけではなく、広東語の「サン生」（新鮮）と「マー馬」（上にのせる）が合わさったものだ。

サンマーメンは横浜市をはじめ神奈川県の中華料理店の定番メニューだが、他県ではその呼称はほとんど使われず、似たような料理は「もやしそば」などと呼ばれることが多い。全国的にはマイナーメニューのサンマーメンだが、横浜市内には看板メニューにしている店もあり、桑田佳祐をはじめ愛好する神奈川出身者も数多い。

サンマーメンとは！？
サンマが上に乗っている？
美味しいの？それ

084

横浜中華街の二大巨頭、聘珍樓と萬珍樓

200店舗以上存在するといわれる横浜中華街の中華料理店の中でも、別格の知名度と存在感を誇るのが「聘珍樓」と「萬珍樓」だ。聘珍樓は明治17年（1884年）に創業した老舗で、横浜のみならず日本の中華料理店の中でも最古参とされている。中華街の本店ビルは近代的な外観が特徴で、東京や大阪にも支店をかまえている。萬珍樓も明治25年（1892年）創業と100年以上の歴史をほこり、「まん」と「ちん」がくっついているという、いかにも小中学生が食いつきそうなネーミングからネタにされることも。化学調味料を使わないことをモットーにした体に優しい料理を提供しており、中華街内には本店の他に60種類の点心をウリにする「萬珍樓點心舗」を展開している。

中華街の二大巨頭
萬《まん》珍《ちん》樓《ろう》
聘《へい》珍《ちん》樓《ろう》

085

今や全国区、横浜家系ラーメン

歯ごたえのある太麺、油脂が強めの豚骨醤油スープ、具に大きな海苔とほうれん草といった特徴を持つ「家系ラーメン」は、1974年に横浜の新杉田で開業した「吉村家」が発祥だ。「家系」という呼称は大半の店が「〜家」という店名を名乗っていることから。家系は師弟制を採用しており、本流の吉村家系列、そこから派生した「六角家」、「本牧家」などの分家を含め横浜市内に150店舗以上の家系ラーメン店が存在している。今やサンマーメンと並ぶ横浜のご当地麺となった家系ラーメンだが、最近は市内のみならず全国各地に「〜家」が林立していることから、少々食傷ぎみ……、という人も多いとか。

これぞ、横浜発
家系
ラーメンだ！

086

横浜で大人気の鳩サブレー

鎌倉市に本社をかまえる「豊島屋」が製造、販売する「鳩サブレー」は、鳩をかたどった大判のビスケットで、フレッシュバターをふんだんに使ったマイルドな口当たりが特徴だ。豊島屋の店舗は神奈川各地のデパートや駅ビルに存在するため、崎陽軒のシウマイと同じく、多くの神奈川県民のソウルフードとなっている。市内では横浜駅前の「そごう」や「高島屋」、または新横浜の駅ビル「キュービックプラザ」などで購入できる。横浜発祥の銘菓が多く存在するにもかかわらず市内の鳩サブレー人気は根強く、県外に来訪するさいのおみやげにする人も多い。ちなみに鳩サブレーは特殊な形状から非常にもろく、袋から開けるとクチバシや胴体が割れていることが多いのが玉にキズだ。

鳩サブレー
わ〜い
ボクの
サブレーだ！
わ〜い
鳩サブレー
だ〜い！
とっても
カワイイわ〜♡

087

鳩サブレーに負けるな！ ありあけのハーバー

日本大通りに本社をかまえる「ありあけ」が製造する「横濱ハーバー」は、横浜らしく英語の「港」が名付けられ船をかたどった、栗のクリームを使った焼き菓子だ。「ありあけのハ〜バ〜」という歌が印象的なCMは現在でもひんぱんに地元テレビ局のTVKで流されており、横浜スタジアムのレフト後方には同商品の広告看板が存在するため市外でも知名度は高い。だがこれといった特色がないためか、ハーバーの人気は市内ではイマイチなのだ。一度も食べたことがないという横浜市民も珍しくなく、県外の人も横浜みやげといえば鳩サブレーなどを想像する人が多いとか。製造元が倒産したことにより一時発売が停止していた不遇の歴史を持つハーバーには、今後のブレイクを期待したい。

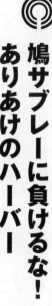

ホロッホ〜
鳩サブレー
負けないぞ！
忘れてはいけない
もう一つの
横浜おみやげ
横濱ハーバー

088

フードコンプレックスの金字塔、新横浜ラーメン博物館

新横浜駅北口から徒歩5分の位置に存在する「新横浜ラーメン博物館」は、日本各地のラーメンが味わえる施設で、今では全国各地に存在するフードコンプレックスのさきがけとなった場所だ。館内はラーメンの歴史が学べる地上フロアと9軒のラーメン店が集結する地下フロアに分かれており、特に地下フロアは昭和30年代の町並みを再現し、ラーメン店以外にも一杯飲み屋や駄菓子屋が存在し、毎日さまざまなイベントが開催されるという非常に凝った作りになっている。最近のラー博は日本のみならず世界各国の名店を招聘。2016年現在イタリアから出店している「カーザルカ」のラーメンは、麺にパスタ用デュラムセモリナ粉、チャーシューにイタリア産岩塩を使用した一品だ。

全国のラーメンが
横浜に大集結!?
新横浜ラーメン博物館

089

かつて存在したカレーミュージアム

横浜市内には、かつてラーメンだけではなくカレーの殿堂も存在した。2001年に伊勢佐木町に開業した「横濱カレーミュージアム」は、「世界唯一のカレーのテーマパーク」をコンセプトにした施設で、新横浜ラーメン博物館との経営上の関連性は一切ない。施設内には東京・神保町の人気店「エチオピア」、下北沢のスープカレー店「マジックスパイス」などさまざまな店舗が集結し、店舗企画にアミューズメント会社の「ナムコ」が参加していたため、館内の各所にギミックが設置されるなど、テーマパークのような遊び心がある施設だった。開業当時は大人気を誇っていたカレーミュージアムだが、経営母体の事業目的達成を理由に2007年3月に惜しまれつつ閉館した。

どんまい
閉館
しちゃったね
うぅ…
グスン
ラーメン博物館
カレーミュージアム

090

バーの定番、横浜四大カクテル

バーの名店が多く存在する横浜では、多くのカクテルが生み出された。その中でも特に有名なものを「横浜四大カクテル」と呼ぶ。「バンブー」はワインベースのカクテルで、明治22年（1889年）当時、横浜のホテルで働いていたアメリカ人バーテンダーが考案したとされる。同じバーテンダーが発明したといわれる「ミリオンダラー」は、卵白を使った口当たりの良いもので女性に人気が高い。大正時代、日本人バーテンダーが考案した「チェリーブロッサム」は世界最古のカクテルブック「ザ・サヴォイ」にも記載されている。そのものズバリ「ヨコハマ」と名付けられたカクテルは色鮮やかなオレンジ色が印象的な一品。横浜の夜景を見ながら飲むカクテルは格別だろう。

横浜四大
カクテルの話
知ってるかい？

091

とんかつは勝烈庵、そばは味奈登庵

「勝烈庵《かつれつあん》」は昭和2年（1927年）に馬車道に開業した老舗とんかつ店。現在は市内外に4店舗をかまえ、神奈川や栃木のブランド豚を使用した上品なとんかつが味わえる店だ。店の卓上に置かれるソースは添加物未使用でデミグラスソースのようなまろやかな味わいが特徴だが、自家製で大量生産が不可能なため残念ながら持ち帰り販売はしていない。「味奈登庵《みなとあん》」は市内に16店舗を構えるそば店。店舗は通常のそば店と同じ業態の「フルサービス店」と前払い制の「セルフサービス店」に分かれており、特にセルフサービス店は通常の「もり」が300円、超大盛りの「富士山もり」が500円と破格の安さがウリだ。市外では知られていない2軒だが、横浜市民にとっては定番の飲食店だ。

092

月餅が昔からメジャーなお菓子

「月餅《げっぺい》」とは、印が刻まれた小麦の皮にたっぷりの餡や木の実がつまった中国菓子で、中華圏では中秋節（お月見）の時に食べる風習がある。最近ではコンビニエンスストアなどでも販売しているため、日本でも知名度が上がってきたが、明治期より多くの華僑（外国に移住した中国人）が居留し中華街が存在する横浜では、以前から月餅が知られていたのだ。中華街では月餅は定番の商品で、お土産コーナーに行くと必ずといっていいほど売られている。最近の月餅はバリエーションにとんでいて、ミックスナッツ入りやチョコレート風味の餡、さらには卵黄の塩漬け入りといったものもある。ご興味ある方は各店舗の月餅を食べ比べてみてはいかがだろうか。

093

◎ ショートケーキは横浜で生まれた

「日本初の○○」が無数に存在する横浜だが、ショートケーキも横浜発祥だ。明治43年（1910年）に藤井林右衛門が中区元町で開業した「不二家洋菓子店」は、藤井がアメリカで学んだ洋菓子技術をもとにケーキを販売。アメリカ式の固いビスケット生地を使った「ショートケイク」とは異なり、日本人の嗜好に合わせた柔らかいスポンジを生地に使い、販売しやすいように切り分けたものが今日のショートケーキの原型になったといわれている。なおイチゴをクリームで包み込むという発想はフランスのケーキ「フレジェ」からヒントをえたという説がある。ショートケーキは明治期の日本文化の特性である、「外国文化のいいとこどり」が産み出した一品といえるだろう。

094

日本初のすき焼き店が存在する

明治維新後、肉食が公式に解禁された日本では特に牛肉が「文明開化の象徴」として珍重された。幕末期から多くの西洋人が居留した横浜では、全国に先駆けて牛の解体場が設置され、明治維新前の横浜港ではすでに牛肉の煮込みが販売されていたという。現在も中区末吉町に存在する「太田なわのれん」は明治元年（1868年）に創業した日本初の牛鍋店だ。店で食べられる「牛鍋」は現在のすき焼きの原型となった料理で、醤油ではなく味噌をベースにした味付け、薄切り肉ではなくサイコロ状の分厚い牛肉を使用する点が特徴。伝統的な日本家屋で食するその味わいは、明治初期に考案されたものとは思えないほど濃厚かつ豪快なもので、若者も受け入れやすい一品だ。

095

ドリア、ナポリタンは横浜のホテルで生まれた

ドリアは、現在も中区に存在する「ホテルニューグランド」で働いていたスイス人シェフが、体調を崩した外国人が食べやすいようにとエビのクリーム煮をご飯の上にかけ、オーブンで焼き上げたものが原型となった。ドリアという料理名は、イタリアの海軍提督「アンドレア・ドーリア」と海の街・横浜発祥という点をかけたという説がある。

スパゲッティナポリタンは、戦後復興期に同じくホテルニューグランドで働いていた日本人シェフが、アメリカ軍兵士が食べていた簡素なケチャップ味スパゲッティをアレンジしたものが原型とされている。

ちなみに日本人シェフが考案したものは、トマトケチャップではなく生のトマトを使った文字通り「ナポリ風」のものだった。

096

北欧料理の名店がある

西洋式の建築物が立ち並び、異国情緒ただよう関内の元町、馬車道界隈には数多くの欧州料理店が存在する。フランス料理やイタリア料理といったおなじみのものからギリシア料理、ロシア料理といった日本では一般的ではないものまで数多く存在するが、中でも昭和40年代から海岸通りに店舗を構える北欧料理店「スカンディア」は名店との呼び声が高い。店内はクラシカルな内装でまとめられ、実際に北欧の都市に来訪したと錯覚する人もいるとか。料理もニシンの酢漬けや「フリカデラ」（デンマーク風ミートボール）など数々の北欧料理がそろえられ、どれも一般的な西洋料理とは異なる味付けが楽しめる。北欧料理店という物珍しさもあり、非常に希少価値の高い店だ。

097

山手のドルフィンはユーミンの歌の舞台となった

横浜市中区に存在する「ドルフィン」は、1階がカフェラウンジ、2階がレストランとなった複合飲食店。荒井由美（現・松任谷由実）が1974年に発表したアルバム「MISSLIM」の中の一曲「海を見ていた午後」の舞台となっており、現在でも同店を訪れるユーミンファンは数多い。そのため現在は観光地化しており、歌の歌詞のような「静かなレストラン」ではなくなってしまったことを残念に思う人もいるとか。店の一番人気メニューは歌詞に出てくるソーダ水であり、時おり店内に「海を見ていた午後」が流れるという小粋なサービスが行われる。ちなみに歌詞では「山手のドルフィン」と書かれているが、実際の最寄り駅は根岸駅になるので、電車で来店予定の方は注意しよう。

098

炭火ハンバーグの草分けハングリータイガー

「ハングリータイガー」は、1969年に保土ヶ谷で創業したハンバーグ・ステーキレストランだ。創業当時としては珍しい牛肉100％のハンバーグを使用し、炭火で焼き上げるという豪快なスタイルは大きな話題となった。その後ハングリータイガーはドライブ客をターゲットに郊外を中心にチェーン展開を行い、最盛期には市内外に30以上の支店が存在した。しかしバブル崩壊により低価格ファミレスが台頭したことを機に売り上げは低下。店舗は次々と閉店し、一時は幻の店と化していたが、現在はメニュー価格の見直しを行い再び盛況を取り戻しつつある。なお店のハンバーグは都内の某人気ハンバーグ店のものと非常によく似ているが、元祖はもちろんハングリータイガーだ。

099

平成28年からハマ弁がはじまった

横浜市内の中学校は一般的に給食制度が採用されていないが、平成28年（2016年）から配達性の弁当サービス、通称「ハマ弁」が採用されることになった。ハマ弁は16年1月から市内12の中学校で先行実施。お弁当の内容は学校に配達されるものらしく栄養価が入念に計算されたもので、生徒たちが安心して食べられるもの。値段もご飯、おかずがついて360円とリーズナブルで、他にも汁物や牛乳が単品注文できる。このようなサービスが生まれた理由は、最近は家庭の事情で親が弁当を作れず、昼食を抜いたりコンビニの出来合い品を食べる生徒が増加しているためだという。親の負担軽減や生徒の健康管理のためにも、ハマ弁は一刻も早く横浜全域の中学に普及してもらいたい。

100

シロコロホルモンに続け！横浜B級グルメ

「B-グランプリ」で優勝した厚木市の「シロコロホルモン」、三浦市の「味先まぐろラーメン」など、全国的に名を知られた神奈川発の新興B級グルメは数多いが、横浜発祥のものは今のところ存在しない。市内を見渡すと新杉田に本店をかまえるカレー店「バーグ」の大量の豚肉の生姜焼きと生卵が乗せられ、大盛りを頼むと総重量1kgになるという「スタミナカレー」、ドラマ「孤独のグルメ」でも紹介された、ポークソテーに玉ねぎなど数々の野菜がトッピングされた「キッチン友」の「スペシャル友風焼き」、真金町の「豊野丼」が販売する激盛り天丼など、個性的なB級グルメは数多い。はたして「第二のシロコロホルモン」は横浜から生まれるか？

[著者略歴]

八千草春日(やちぐさ・かすが)

1986年 神奈川県出身
大学卒業後、家業の日本舞踊の家元を継ぐも、経営難によりライターに転身するという異色の経歴を持つ。これまでに別名で実話誌、写真週刊誌、ニュースサイトなどに記事を寄稿し、書籍は今回が初挑戦。男性ながら宝塚歌劇観覧を趣味とし、年間公演観覧数は毎年20回を超える。

画/渡辺貴博(わたなべ・たかひろ)

茨城県常総市生まれ、都内在住のフリーランス・イラストレーター。お笑いイラスト団体「ワラスト」のメンバー。雑誌・書籍の挿絵やイベントのフライヤーイラスト等で多く活動。一児の父で毎日子育て漫画をブログに更新している。アニメと漫画が好き。好きな言葉は「やれば出来る」。ホームページ「なべのふた」http://artstar.web.fc2.com

横浜あるある

2016年10月1日　第1刷発行

著　　者　八千草春日
イラスト　渡辺貴博
協　　力　井口エリ
発 行 者　本田武市
発 行 所　TOブックス
〒150-0045 東京都渋谷区神泉町18-8
松濤ハイツ2F
電話 03-6452-5678(編集)
0120-933-772(営業フリーダイヤル)
FAX 03-6452-5680
ホームページ　http://www.tobooks.jp
メール　info@tobooks.jp
印刷・製本　中央精版印刷株式会社

ISBN978-4-86472-518-7　Printed in Japan